von Wiebke u. Michael
zu Weihnachten 2015

100 JAHRE LEBENSGLÜCK

100 JAHRE LEBENSGLÜCK

Weisheit, Liebe, Lachen

KARSTEN THORMAEHLEN

KNESEBECK

Karsten Thormaehlen ist Fotograf mit eigenem Studio, Herausgeber, Designer und Künstler. Seine Arbeiten über das Alter wurden bereits in über 50 Ausstellungen auf der ganzen Welt präsentiert und gewannen zahlreiche Preise, unter anderem den D&AD Award, den Clio Award und den Cannes Lion (Press Lions). Er lebt in Frankfurt am Main.

Titel der Originalausgabe:
Aging Gracefully. Portraits of People over 100
Erschienen bei Chronicle Books, San Francisco, USA, 2017

Deutsche Erstausgabe
3. Auflage

Ein Unternehmen der La Martinière Groupe

Umschlagadaption: Fabian Arnet, Knesebeck Verlag
Textliche Überarbeitung der originalen deutschen Texte: Constanze Kleis
Übersetzung aus dem Englischen: Karin Maack (S. 7–12, 30, 37, 38, 46, 50, 54, 57, 66, 74, 78, 81, 85, 86, 90, 94, 105, 118–119)
Lektorat und Satz: Akademischer Verlagsservice Gunnar Musan
Printed in China

MIX
Paper from responsible sources
FSC™ C104723
FSC
www.fsc.org

ISBN 978-3-95728-072-5

www.knesebeck-verlag.de

»DAS LEBEN IST WIE
FAHRRAD FAHREN.
MAN MUSS IN BEWE-
GUNG BLEIBEN,
UM DIE BALANCE
ZU HALTEN.«
– ALBERT EINSTEIN

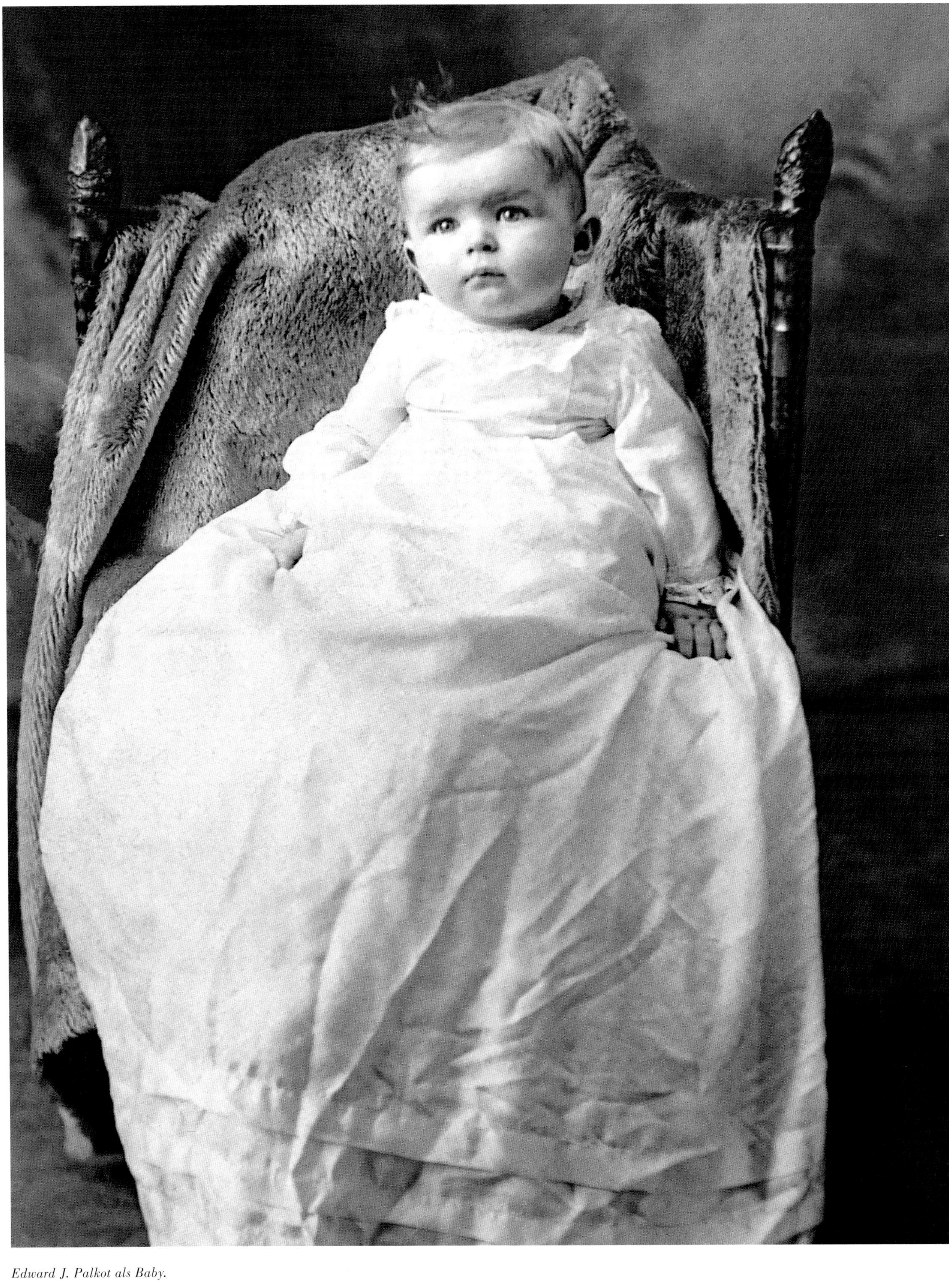

Edward J. Palkot als Baby.

VORWORT

Die gute alte Zeit

Edward J. Palkot

Das Leben steckt voller Überraschungen. Vor einiger Zeit erreichte mich ein Buch per Post: *Mit hundert hat man noch Träume* (*Happy at Hundred*) von Karsten Thormaehlen. Wie ich kurz darauf erfuhr, hatte einer meiner Söhne Karsten Thormaehlen darauf aufmerksam gemacht, dass ich als Elder Statesman aktiv bin. Was mich freute, da ich denke, dass so ein Buch den Anliegen vieler Senioren auf der ganzen Welt nützen kann.

Oh, die »gute alte Zeit« – was war eigentlich so toll daran? Einmal in der Woche in einem Zuber baden, den die ganze Familie benutzte; meiner Mutter dabei zusehen, wie sie Wäsche auf einem klapprigen Waschbrett schrubbte; auf den Eismann warten, der einen großen Block Eis für den Eisschrank brachte. Und so weiter und so fort. Würden Sie das wunderbar nennen? Ich nicht.

Irgendwie kamen wir in Pittsburgh über die Runden. Die Industriemetropole in Pennsylvania war als »Stahlstadt« bekannt, bewohnt von Männer mit Muckis, in der im Frühling und im Herbst schon gegen Mittag die Straßenlaternen eingeschaltet wurden, da der Industriedunst die Sonne verdunkelte. Den Leuten, die mich fragen, wie ich es trotz der schlechten Luft und dem durch Fabrik-Chemikalien verunreinigten Trinkwasser schaffte, 102 Jahre alt zu werden, erzähle ich, dass genau diese Umstände meine Abwehrkräfte mobilisiert haben und ich deshalb immer noch da bin.

Ich erinnere mich noch sehr gut an den Beginn des Ersten Weltkriegs und daran, dass ich einen Lastwagen mit Soldaten unterwegs zum Einsatz an der Front vorbeifahren sah. Doch noch klarer habe ich das Schild vor Augen, das mein Vater am 11. November 1918 in das Fenster seiner Schneiderei hing: »Wegen des Waffenstillstands geschlossen«.*

Als ich 1919 auf der Conroy-Schule eingeschult wurde, war dies ein weniger schönes Erlebnis für mich. Ich war verunsichert – und blieb es auch bis zur dritten Klasse. Da es damals noch keine Kindergärten gab, in denen man auf die Schule hätte vorbereitet werden können, versetzte es mich während des gesamten ersten Schuljahres in helle Aufruhr, den halben Tag mit 40 Kindern in einem Klassenraum verbringen zu müssen.

Auf Wunsch meines Lehrers sollte ich die Figur des *George Washington* spielen, wie er zum Haus von Betsy Ross** geht, um die erste amerikanische Flagge mit dreizehn Sternen nähen zu lassen. Auf der Bühne saßen fünf Veteranen des Amerikanischen Bürgerkriegs in ihren Uniformen, die das Spektakel sichtlich bewegte. Das weckte mein Interesse am Theater!

Kurz darauf verkaufte mein Vater seine Schneiderei und eröffnete ein Hotel, in das wir zogen, das McKees Rocks Hotel. Es hatte sieben Zimmer, die oft von Ingenieuren oder Feuerwehrmännern der nahegelegenen Eisenbahngesellschaft Pittsburgh and Lake Erie Railroad belegt waren. Mein Vater engagierte oft Unterhaltungskünstler, um die Gäste in der Hotelbar zu unterhalten. Mit fünfzehn besuchte ich die Fahrschule. Ich lernte das Autofahren in einem Hudson, Baujahr 1921, der weder mit ABS, noch mit Servolenkung oder gar Heizung ausgestattet war. Trotzdem schaffte ich es, den Führerschein zu machen, und fahre heute immer noch gerne selbst.

Da mich meine Mutter fast jede Woche in eine neue Aufführung mitnahm – sie liebte das Theater –, begann ich mich mehr und mehr für die Schauspielerei zu interessieren und bekam in der siebten Klasse meine erste Gesangsrolle, als Mike O'Toole, in einer Operette. Selbst nach so vielen Jahren singe ich am St. Patrick's Day immer noch das Liedchen über den heiligen Patrick und die Geschichte, wie er der Rattenplage in Irland Herr wurde.*** So kam es jedenfalls, dass ich mich für die Schauspielschule des Carnegie Institute of Technology (heute die Carnegie Mellon University) einschrieb, an der ich 1935 meinen Abschluss machte – während der Weltwirtschaftskrise. Arbeit war schwer zu finden, also gab ich Sprachunterricht und führte auf Long Island Regie in Amateurtheatern.

Während meines Studiums am Teachers College der Columbia University traf ich eines Abends in einem Restaurant in Great Neck auf Long Island einen jungen Mann, der, genau wie ich, Vorfahren aus Litauen hatte. Er wollte mir unbedingt seine Schwester Anne vorstellen. Als Anne und ich uns das erste Mal begegneten, war ich sogleich Feuer und Flamme – sie allerdings leider (noch) nicht. Trotzdem umgarnte ich sie eine Weile, bevor ich um ihre Hand anhielt. Wir verlobten uns am Silvesterabend 1939, was wir aber noch eine Zeit lang geheim hielten, und heirateten schließlich am 5. April 1942.

Anne schenkte mir zwei Söhne und zwei Töchter. Sie war eine gute Mutter, die mich oft davon abhielt, zu viel Strenge in Sachen Erziehung walten zu lassen. Sie akzeptierte aber meine Ansichten zum Thema Bildung, und unter anderem auch meine Maßnahmen, den Betrieb des neu erworbenen Fernsehgerätes einzuschränken. Unsere Kinder hatten später ein erfolgreiches Berufsleben und wunderbare eigene Familien.

Wegen meiner schlechten Augen nahm ich nicht selbst am Zweiten Weltkrieg teil, aber ich arbeitete während des Krieges in der Personalabteilung der riesigen Sperry Gyroscope Fabrik auf Long Island. Danach war ich in Connecticut tätig, bevor ich schließlich 1978 als stellvertretender Direktor der Personalabteilung der Marine Midland Bank in Manhattan in den Ruhestand ging. Auch als Rentner blieb ich in einigen Vereinen aktiv, unter anderem als Vorstand der katholischen Laienvereinigung der Kolumbusritter oder des Garden City Retired Men's Club. Einer Reisegruppe, mit der ich noch ein bisschen mehr von der Welt gesehen habe. Außerdem treffen wir uns wöchentlich zum Kartenspielen.

Auch das Golfen, für das ich mich schon immer begeistere, beansprucht einiges an Zeit. Meine Vierergruppe vom Salisbury Senior Golf Club im Eisenhower Park auf Long Island war dort die älteste Spielergruppe. Wir bestanden aus einem irischstämmigen Spieler (89), einem deutschstämmigen (92), einem italienischstämmigen (96) und mir selbst (102) – mit meinen litauischen Vorfahren. Die Lokalzeitung *Newsday* brachte eine Geschichte und ein Bild von uns vier, das im Vereinsheim an der Wand hängt. Unsere erfolgreiche Golfgruppe aus vier ist beispielhaft für das, was Amerika zu einem großartigen Land macht.

Meine Kinder segneten mich mit sechs Enkelkindern und neun Urenkeln. Nachdem meine liebe Anne an ALS starb, wurde mir fünf Jahre später noch einmal das Glück zuteil, eine herzenswarme Beziehung mit Alice zu entwickeln, deren verstorbener Ehemann ein Cousin Annes war. Alice hat drei Töchter sowie Enkel und Urenkel. In den Ferien oder zu wichtigen familiären Ereignissen finden regelmäßig große Treffen der beiden Familien statt, manchmal auch Angelausflüge zum Haus meiner Tochter Barbara, das an der Küste liegt.

Ich lebe immer noch allein in meinem schönen Haus, pflege den Garten, kaufe ein und erledige die meisten alltäglichen Dinge selbst. Um gut zu essen, schaue ich auch öfter mal zum Lunch in meinem Lieblingsrestaurant vorbei, ich lese viel, löse Kreuzworträtsel und plaudere mit den Nachbarn. Meine Füße halte ich mit Polkatanzen in Bewegung, und, um meinen Appetit zu stillen, esse ich gerne Piroggen in einem polnischen Restaurant. Wenn mich die Leute fragen, wie ich das alles mache, erwidere ich: »Die ersten hundert Jahre sind die schwersten – danach läuft's von alleine.«

Wenn ich zurückschaue, staune ich über all die Veränderungen und Errungenschaften der letzten hundert Jahre: Von einem handgefertigten Quarzradio 1921 bis zur heutigen Digitaltechnik – ich verwende E-Mail, Facebook und Twitter. Ich erinnere mich an die frühen Automobile, bei denen zum Starten des Motors eine Handkurbel benötigt wurde. Eisschränke wurden durch moderne (selbst kühlende!) Kühlschränke ersetzt. Gaslampen wurden von Energiesparlampen verdrängt. Die Luftfahrt hat sich von den wackeligen Flugzeugen, in denen ich einst mitflog, zu Überschallflugzeugen weiterbewegt. Und so weiter und so weiter.

Was für eine wunderbare Welt! Ich bin froh, dass ich das erleben durfte.

---

* Der Waffenstillstand von Compiègne am 11.11.1918 beendete den 1. Weltkrieg.

** Betsy Ross (1752–1836) nähte die erste amerikanische Flagge.

*** Die Legende besagt, dass St. Patrick Irland von der Schlangenplage befreite. Aber laut Biologen gab es nie irgendwelche echten Schlangen in Irland. Die diplomatische Erklärung ist, dass die Schlangen eine Metapher für das Heidentum sind, welches St. Patrick verdrängt hat.

Dr. Olivia Hookers Hände.

EINLEITUNG

Zeitlose Schönheit

Karsten Thormaehlen

Viele Menschen glauben, dass ich als Profifotograf am liebsten Luxusgüter, Stars und Models vor meine Linse bekomme. Aber ich fotografiere am liebsten alte Menschen. Sehr alte Menschen. Vielleicht liegt das daran, dass ich bei meiner Arbeit als Artdirector in der Werbung und während meiner Zeit in New York bereits ausreichend Gelegenheit hatte, ein Klischee-Fotografenleben zu führen. Ich habe die Welt bereist und an den exklusivsten Orten zusammen mit den attraktivsten Leuten Premium-Marken der Mode- und Kosmetikindustrie im besten Licht präsentiert. Das war toll, eine fantastische Zeit. Aber sie hat in mir auch die Sehnsucht nach neuen Herausforderungen geweckt, nach einem Thema jenseits dieser inszenierten Traumwelten, etwas, das mehr mit mir selbst zu tun hat – und mit unserem Dasein, dem Menschsein, mit der Zukunft. Dabei fand ich das Alter. Und in ihm fand ich eine andere Art von Schönheit, vielleicht die wahre Schönheit. Eine, die kein Verfallsdatum kennt, die zeitlos ist und mit den Jahren nur wächst. Eine Schönheit, die dem Leben selbst entspringt – und der Erfahrung, der Weisheit, der Neugier, dem Vergnügen, der Leidenschaft und dem Optimismus. Aber die auch von den Härten des täglichen Lebens spricht – von den Niederlagen, nicht nur von den Siegen. Um diese Schönheit zu erlangen, braucht man keinen Friseur, keinen Stylisten oder Make-up Artist. Man muss nur ein paar Jahrzehnte warten – oder besser gleich ein ganzes Jahrhundert.

Während meiner Kindheit verbrachte ich viel Zeit mit den Eltern meines Vaters und der Mutter meiner Mutter. Wir lebten in derselben Straße in einer Kleinstadt im Südwesten Deutschlands. Ich liebte das Gefühl von Geborgenheit, das mir meine Großeltern gaben, die Bratkartoffeln meiner Großmutter und die Schaukel und das Karussell, die mein Großvater nur für mich in seinem Garten aufgebaut hatte. Ich liebte es, dass er eine ganze Welt für Kinder erschaffen konnte, einfach so, nur mit einem Werkzeugkasten. Ich mochte unsere Gespräche, die Entspanntheit meiner Großeltern und ihre Großzügigkeit, die liebe Art, mit der sie mich ansahen – als wüssten sie die Antworten auf so viele Dinge, noch bevor ich in der Lage war, die richtigen Fragen zu stellen. Ich bewunderte meine Großeltern für ihre Souveränität, Geduld und Klugheit, für ihre Herzensbildung, für ihr Vertrauen in mich und in das Leben selbst – trotz allem, was die Kriegsgeneration Schreckliches erlebt hatte. Sie lehrten mich etwas Wesentliches: Dass es das Leben ist, das dem Leben einen Sinn verleiht.

Ich begann meine fotografische Arbeit mit alten Menschen Mitte der 1980er-Jahre während meines Zivildienstes in einem Altenheim, wo ich das tägliche Leben dokumentierte. Jetzt fotografiere ich Menschen, die seit einem Jahrhundert leben, die mehr gesehen, erfahren und durchlebt haben als die meisten anderen. Ich kann mir nichts Aufregenderes vorstellen, als vor diesen Menschen zu sitzen, in ihre Gesichter zu sehen und ihren Geschichten zuzuhören.

Die Aufnahmen waren immer ein Abenteuer. Bei meinem Treffen mit Susannah Mushatt Jones im Juli 2015 in New York wartete ich neunzig Minuten im falschen Wohngebäude, bevor ich meinen Fehler bemerkte. Sie gehörte zu höchstens einer Handvoll Menschen, die im 19. Jahrhundert geboren und noch am Leben waren, und ich wollte unbedingt ein Foto von ihr. Als ich endlich ankam, machte Susannah ein Nickerchen. Also fotografierte ich sie in natürlichem Tageslicht, während sie schlief. Ich glaube, dass es bei allen Bildern in diesem Buch das Licht ist, das den Porträts ihren Zauber und ihre Kraft gibt: Es lässt die Gesichter ihre eigene Geschichte erzählen.

Susannah Mushatt Jones

Während ich für mein Thema um den Globus reiste, traf ich großartige Menschen, deren Lebensgeschichten mich tief berührten. Manchmal waren sie selbst über ihr Alter erstaunt und konnten darüber lachen. Ich schaute mir während dieser Besuche viele Fotoalben an, auch das von Edward J. Palkot, dessen Geschichte Sie im Vorwort lesen konnten. Er zeigte mir ein gut erhaltenes Foto von sich als Zweijährigem, aufgenommen 1915 in seiner Heimatstadt Pittsburgh.

Wenn wir in die Gesichter der Alten schauen, sehen wir in unsere eigene Zukunft. Dabei können wir lernen, dass das Altern ein Naturgesetz ist, Teil eines genialen Ganzen. Es folgt dem universalen Prinzip eines ständigen, unumkehrbaren Wandels. Unser Altern endet erst, wenn wir sterben – und selbst das ist gut, denn ohne das Vergehen gäbe es kein Werden, wäre das Leben nicht so kostbar. Das Altern hat seine eigenen Gesetze, aber es sind unsere Haltung und unser Urteil, die es zu etwas Positivem oder etwas Beängstigendem machen. Wenn wir klug sind, betrachten wir den Alterungsprozess mit der gleichen bemerkenswerten Gelassenheit und Neugier, dem gleichen Humor, den ich bei den Menschen entdeckte, die ich für die folgenden Seiten fotografiert habe. Ich hoffe, ihre Perspektiven und Geschichten sind für Sie so liebenswert, faszinierend und erhebend wie für mich.

52
PORTRÄTS

von

MENSCHEN ÜBER
100

GEBOREN AM 30. JULI 1911 IN PUCARÁ, HUANCAYO, PERU

Zoila Donatila Aliaga Melendez vda. de Roman

LIMA, PERU

»Wo bleiben denn wieder die alten Herrschaften!?«, fragt Zoila gern ihre Tochter, wenn die und ihre Bekannten sich wieder einmal zu spät zum Gebet einfinden. Ja, sie hat Humor, und sie betet gern, zweimal am Tag: morgens eine Stunde und nachmittags den Rosenkranz. Für das Kartenspielen braucht sie allerdings keinen höheren Beistand, da sie gerne mal schummelt und darin, wie sie verschmitzt lächelnd erklärt, ziemlich gut ist. Ihre Gebete sind vor allem eine Dankesbekundung, denn, so ist sie überzeugt, es sei ihr Glaube, der sie so alt werden ließ. Zoila heiratete mit neunzehn Jahren, bekam acht Kinder und versorgte sich noch bis zum achtzigsten Lebensjahr selbst. Heute blickt sie auf eine Nachkommenschaft von einundzwanzig Enkelkindern, dreiundzwanzig Urenkeln und drei Ururenkeln. Sie liest und strickt gern und war ihr ganzes Leben lang nicht einmal ernstlich krank. Noch so ein Grund, pünktlich zum Gebet zu erscheinen.

GEBOREN AM 29. SEPTEMBER 1912 IN BASEL, SCHWEIZ

Lukas Ammann

MÜNCHEN, BAYERN, DEUTSCHLAND

Der gebürtige Schweizer ist der vermutlich älteste Schauspieler der Welt und sicher einer der letzten echten Grandsegnieurs auf dem Planeten. Die Verkörperung von Weltgewandheit, Stil und Noblesse öffnet dem Besucher selbstverständlich im eleganten Dreiteiler und dazu perfekt passender Krawatte die Tür zu seinem Apartment im Münchner Stadtteil Maxvorstadt. Dann erzählt der Sohn einer Sängerin und eines Kunstmalers aus einem bewegten Leben als Fernseh- und Filmstar der 1960er- und 1970er-Jahre und als Synchronstimme etwa von Peter Sellers. Das waren noch Zeiten. Heute, so sagt Lukus Ammann, gäbe es dagegen kaum noch gute Fernsehserien: »Ich fühle mich oft uninspiriert!«

GEBOREN AM 10. SEPTEMBER 1914 IN
ASAHIKAWA, HOKKAIDO, JAPAN

Kiyo Aragai

SAPPORO, HOKKAIDO, JAPAN

Sie habe eine schöne, unbesorgte Kindheit gehabt, erzählt sie, und wie wunderbar ihre Ehe gewesen sei. »Voller Glück und ohne jeden Streit.« Ihrem Mann sei es auch zu verdanken, dass sie eine so gute Köchin geworden ist. »Er war ein echter Gourmet und hatte ein Faible für gutes Essen.« Gemeinsam reiste das Paar viel – auch bis über die Grenzen ihres Landes, etwa nach Hawaii. Sie sagt, sie könne sich wirklich über nichts beklagen und würde nichts bedauern. Sie sei vollkommen mit sich im Reinen. Ob das der Grund ist für ihr hohes Alter? »Ich habe mir darüber nie Gedanken gemacht, warum das so gekommen ist.«

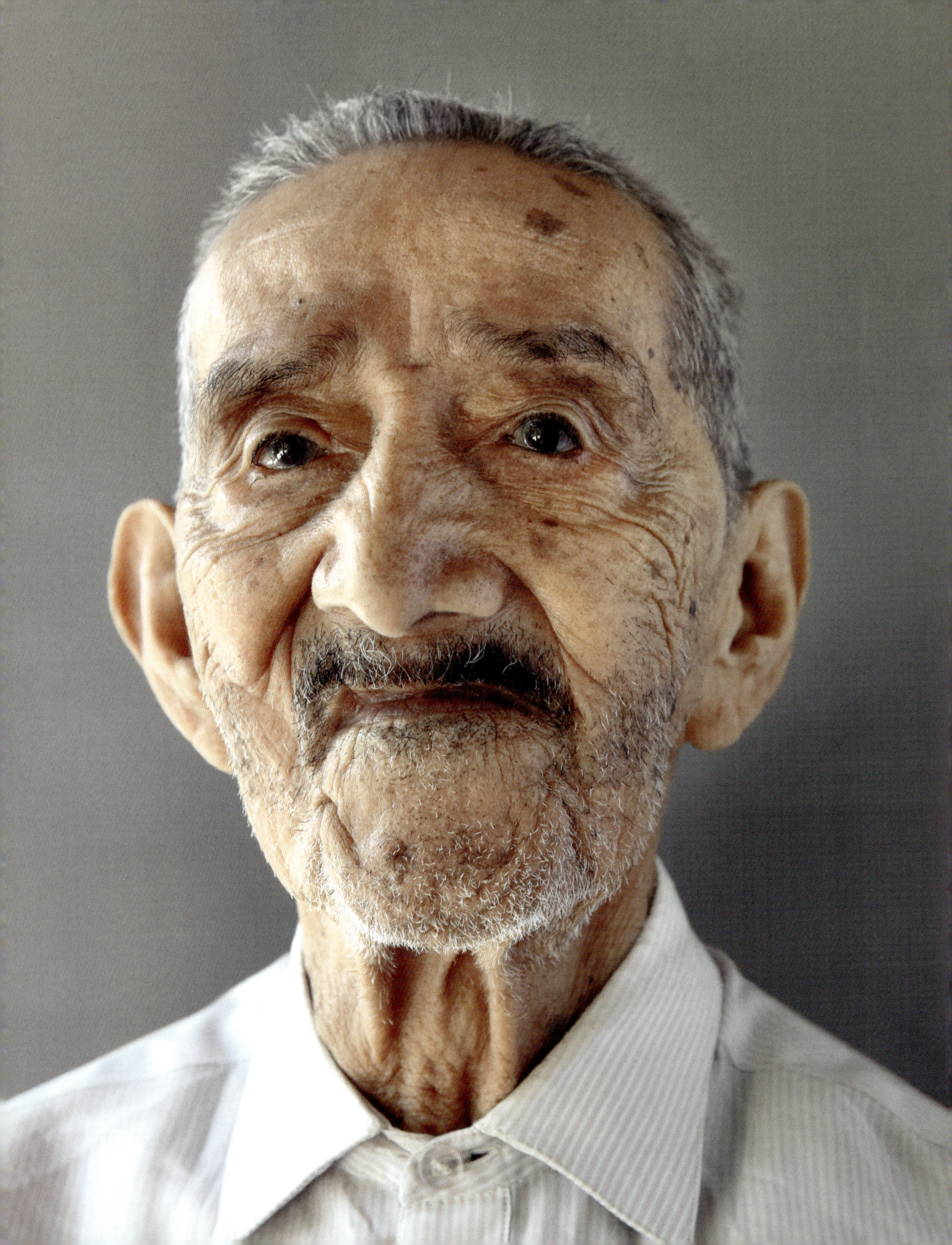

GEBOREN AM 11. DEZEMBER 1914 IN VILCABAMBA, ECUADOR

Secundo Timoteo Arboleda Hurtado

VILCABAMBA, PROVINZ LOJA, ECUADOR

Timoteo achtet sehr auf seine Gesundheit. Deshalb hörte er mit hundert mit dem Rauchen auf. Ja, das lohnt sich. Schließlich ist hundert noch kein Alter, dort, wo er lebt: Vilcabamba gilt als lateinamerikanisches Shangri-La, und erst kürzlich kürte das US-Magazin *International Living* den Ort zu »einem der gesündesten der Welt«. Vermutlich, weil sich die ältere Generation an das hält, was Timoteo für ein langes Leben empfiehlt: »Ich esse, was ich pflanze!« Und er erntet alles, was ihm auf den Tisch kommt, noch eigenhändig in seinem Garten: Avocado, Papaya, Orangen, Limonen. Keine Pestizide, keine Konservierungsstoffe. »Chemie schadet der Gesundheit!«, sagt er und brennt deshalb auch seinen Schnaps selbst. Außerdem: »Arbeiten bringt niemanden um!« Timoteo hat drei Söhne und zwei Töchter, achtzehn Enkel und zehn Urenkel. Der Mann mit dem Cowboyhut wartet entspannt auf die ersten Ururenkel. Schließlich ist es nicht ungewöhnlich in Vilcabamba, dass man noch sehr viel älter wird.

GEBOREN AM 24. MAI 1910 IN KREFELD,
NORDRHEIN-WESTFALEN, DEUTSCHLAND

Margarete Boers

LÖHNE, NORDRHEIN-WESTFALEN, DEUTSCHLAND

Laut Margarete ist ein langes Leben eigentlich recht einfach zu erreichen. Man braucht nicht mehr dazu als »Magerquark und saure Gürkchen«. Sie lacht, wenn sie das sagt, denn natürlich »kann man da keinen Rat erteilen«. Es passiert einfach. Trotz schwerer Schicksalsschläge. Wie damals, als ihr Mann Hugo in Russland fiel. Vielleicht hat auch ihr fröhliches Naturell etwas dazu beigetragen, wenn sie trotzdem sagt, »ich hatte ein gutes Leben«. Und zu dem gehört selbstverständlich, jedes Jahr Karneval zu feiern. Schließlich stammt sie vom Niederrhein, da liegt die sogenannte fünfte Jahreszeit den Menschen in den Genen.

GEBOREN AM 4. JULI 1913 IN LIMA, PERU

María Teresa Bolivar vda. de Lercari

LIMA, PERU

Es liegt in der Familie: Schon María Teresas Mutter, eine gebürtige Chilenin, wurde hundertundvier Jahre alt. Fragt man ihre Tochter, haben aber vor allem ihre positive Lebenseinstellung und das tägliche Glas Rotwein einiges zu ihrer Langlebigkeit beigetragen. Der Wein stammt übrigens aus Italien, denn María Teresa hat ein Faible für südeuropäische Genüsse – am liebsten mag sie Ravioli. Kein Wunder, war sie doch neununddreißig Jahre mit dem italienischstämmigen Michele Lercari sehr lange, sehr glücklich verheiratet – bis er 1982 starb. Mit ihm ist sie oft nach Europa gereist, immer wieder auch in ihre Lieblingsstädte Paris und Rom. Obwohl Michele nun schon seit fünfunddreißig Jahren tot ist, vermisst sie ihn noch jeden Tag, sagt sie. Dennoch schätze und genieße sie noch immer das Leben: Sie geht gern mit ihrer achtzigjährigen Schwester Consuelo spazieren, erfreut sich an Rosen, besonders den roten, und kocht gern. Ihr Rat an die Jüngeren: »Geht nie bis zum Äußersten!«

GEBOREN AM 2. APRIL 1914 IN ILLORAI, ITALIEN

Don Giovanni Carta

ILLORAI, SARDINIEN, ITALIEN

Fast ein halbes Jahrhundert lebte Don Giovanni in Brasilien, wohin ihn die katholische Kirche als Missionar gesandt hatte. 1995 kam er zurück nach Sardinien, und mit ihm Schwester Rosa, die sich bis heute liebevoll um den Priester kümmert. Trotz seines Alters liest er immer noch täglich die Messe in seinem Haus in der Via San Pietro in Illorai. Er glaubt, Gott habe ihm deshalb ein derart biblisches Alter geschenkt, damit er länger Gelegenheit habe, ihn zu ehren. Und er empfiehlt für Nachahmer: »Folgt dem Weg der Wahrheit!«

GEBOREN AM 14. JUNI 1914 IN PARIS, FRANKREICH

Gisèle Casadesus

PARIS, FRANKREICH

Sie hat noch immer die bezaubernde Anmut eines jungen Mädchens, eines, das sich verwundert die Augen reibt und es selbst noch nicht glauben kann, wie schnell hundert Lebensjahre vorbeifliegen können. Kein Wunder, bei einem so vollen Terminkalender: Ihre erste Rolle beim Film bekam sie 1944, in den 1970er-Jahren befand sich ihre Bekanntheit in Frankreich auf dem Zenit. Nachdem es um den Filmstar ein wenig ruhig geworden war, entdeckte man sie im zarten Alter von sechsundneunzig Jahren neu, für den Welterfolg *Das Labyrinth der Wörter* (*My afternoon with Margueritte*), in dem sie neben Gérard Depardieu die Hauptrolle spielte. Jetzt dreht sie wieder – wenn sie nicht gerade an einem Buch über ihr Leben in Paris schreibt. Dort wohnt sie im achtzehnten Arrondissement noch immer in demselben Apartment nahe Montmartre, in dem sie geboren wurde. Ein Leben für die Kunst – das zieht sich durch ihre Familie: Gisèles Vater war Komponist, ihr ältester Sohn ist ein weltberühmter Dirigent, die Töchter sind Sängerin und Schauspielerin, und ihr Enkel ist ein erfolgreicher Fotograf und Dokumentarfilmer.

GEBOREN AM 11. FEBRUAR 1915 IN SALMIECH, DÉPARTEMENT AVEYRON, FRANKREICH

Henriette Rosa-Maria Cathala

PARIS, FRANKREICH

»Mit so einem Leben wirst du nie einen Mann finden und Kinder haben!«, warnte Henriettes Mutter sie, denn die frühere Personalleiterin eines Hotels reiste um die Welt und blieb dabei spontan an Orten, die sie mochte. Das Reisen war immer eine von Henriettes Leidenschaften. Ihre letzte Reise ins Ausland ging 2001 nach Australien, und sie träumt immer noch davon, Panama oder Peru zu sehen und Machu Picchu zu besuchen. »Aber ich fürchte, die Fluggesellschaft wird mich in meinem Alter nicht unbegleitet an Bord lassen.« Einmal in der Woche führt sie ihre Großnichte Cécile, die in der Nähe wohnt, zum Abendessen aus. Sie hat auch eine Krankenpflegerin und eine Haushaltshilfe, die ein paarmal in der Woche vorbeikommen. Alles andere schafft sie alleine. Sie geht täglich und bei jedem Wetter auf dem Place de la Nation in Paris spazieren, kauft frisches Obst auf dem Markt und ihr Mittagessen im Feinkostladen. Ihre Mutter hatte recht gehabt: Sie hat nie geheiratet und blieb ohne Kinder. Aber sie hat tatsächlich eine bemerkenswert glatte Haut. Ihr Schönheitsgeheimnis? »Kein Ehemann, keine Kinder, keine Probleme«, sagt sie lächelnd.

GEBOREN AM 21. FEBRUAR 1910 IN VILCABAMBA, ECUADOR

Jose Javier Delgado Jaramillo

TUMIANUMA, VILCABAMBA, PROVINZ LOJA, ECUADOR

Jose und seine neunundachtzigjährige Frau Mercedes sind *die* Sehenswürdigkeit des winzigen Dorfs Tumianuma in der Provinz Loja. In der kleinen Kirche hat man die ältesten Bewohner des Ortes mit einem Wandgemälde gewürdigt, und sogar Filmteams und Fotografen kommen regelmäßig, um die beiden zu besuchen. Dann setzen Jose und Mercedes sogar ihre Baseballmützen ab, ausnahmsweise. Seit 1942 sind sie verheiratet, haben neun Kinder, »ungefähr« vierzig Enkel, dreißig Großenkel und »ganz sicher einen Ururenkel«, wie Mercedes nach kurzem Nachdenken meint. Die beiden stehen jeden Morgen um fünf Uhr auf, dann bereitet Mercedes ihrem Mann das Frühstück. Später arbeiten die beiden auf dem Feld, ziehen Maniok, Süßkartoffeln, Bohnen, Mais und die Bananen für Joses Lieblingsgericht »Repe« – grüne Bananensuppe.

GEBOREN AM 19. MAI 1913 IN LUZERN, SCHWEIZ

Serafina Eichenhofer

LUZERN, SCHWEIZ

»Serafina« kommt aus dem Hebräischen und bedeutet so viel wie »Engel«. »Deshalb haben die Kinder mich in der Sonntagsmesse auch immer so argwöhnisch angeschaut«, erzählt sie lächelnd. Die frühere Turnerin trainiert noch immer auf dem Hometrainer im Etagengang der Altersresidenz Unterlöchli – sie freut sich aber schon auf den neuen Fitnessraum, der bald fertiggestellt werden soll. Theater spielt sie auch. Gemeinsam mit sechs anderen Bewohnern der Residenz trat sie bei einem Open-Air-Festival in dem Stück *Wetterleuchten* auf. »Erst dachte ich, ich wäre vielleicht zu alt dafür, aber dann hat man mich überredet.«

GEBOREN AM 27. MAI 1907 IN TØNSBERG, NORWEGEN

Carl Falck

OSLO, NORWEGEN

»Wie verdienen Sie Geld damit, alte Leute wie mich zu fotografieren?« Das war die erste Frage, die der älteste Einwohner Norwegens mir stellte, als wir zusammen mit seinem Sohn in Oslos ältestem Restaurant, dem Engebret Café, zu Mittag aßen. Das Restaurant ist eine Institution – genauso wie Carl Falck, der legendäre norwegische Manager und Jurist. Was die neuesten Entwicklungen in der Geschäftswelt angeht, ist Falck immer noch auf dem Laufenden, obwohl er nicht mehr gerne Nachrichten hört. Er macht lieber kurze Spaziergänge – alle zwei Stunden, jeden Tag. »Alte Leute sollten so viel wie möglich zu Fuß gehen«, sagt er. Als seine Frau 2010 im Alter von dreiundneunzig Jahren starb, waren sie siebzig Jahre lang verheiratet gewesen. Das Ehepaar hatte drei Kinder, fünf Enkelkinder und drei Urenkel.

GEBOREN AM 22. FEBRUAR 1914 IN AACHEN, NORDRHEIN-WESTFALEN, DEUTSCHLAND

Karl Otto Götz

NIEDERBREITBACH-WOLFENACKER, RHEINLAND-PFALZ, DEUTSCHLAND

Ein Besuch bei dem Künstlerehepaar Karl Otto und Karin Götz ist immer ein Abenteuer. Sie ist seine zweite Ehefrau, vierundzwanzig Jahre jünger und seit 1965 mit ihm verheiratet. Seit über vierzig Jahren leben sie nun schon am Ende einer Sackgasse in einem abgelegenen Dorf im Westerwald. Karl Otto sollte eigentlich Textilingenieur werden, wandte sich aber der Kunst zu. Von 1959 bis 1979 unterrichtete er an der Düsseldorfer Kunstakademie und zählt heute zu den erfolgreichsten und einflussreichsten Kunstprofessoren der Nachkriegszeit, Gerhard Richter und Sigmar Polke gehörten zu seinen Studenten. Er ist Mitbegründer der in den 1950er-Jahren als Informel bezeichneten Stilrichtung abstrakter Kunst. Als ich Karl Otto Götz zum ersten Mal besuchte, saß er – umgeben von seinen großformatigen Gemälden – im abgedunkelten Wohnzimmer und hörte Duke Ellington. Obwohl er fast blind ist, malt er noch immer. Einhundert Kopien seines Werkes *SiKri* (einer Kombination aus »SIeben« und »KRIngel«), die er exklusiv zu seinem hundertsten Geburtstag schuf, waren innerhalb weniger Stunden verkauft.

GEBOREN AM 10. SEPTEMBER 1913 IN ÉLOYES, DÉPARTEMENT VOSGES, FRANKREICH

Aline Grosjean

GÉRARDMER, DÉPARTEMENT VOSGES, FRANKREICH

Eine ihrer schönsten Erinnerungen ist der Tag, an dem sie als Einzige von sieben Kindern ihren Realschulabschluss mit der Auszeichnung »gut« bestand. Sogar ihr Vater, sonst nicht gerade freigiebig mit Anerkennung, lobte sie dafür. Mit vierzehn fing Aline dann an, als Friseurin zu arbeiten, heiratete mit Anfang zwanzig ihren Chef und gebar ihm drei Kinder: Eine Tochter und zwei Söhne, von denen einer bereits im Alter von neunzehn Jahren starb. Sie sagt, sie habe eigentlich nicht viel dafür getan, so alt zu werden: »Ich denke, ich habe einfach eine gute Konstitution.« Noch immer strickt sie gerne und hört dabei am liebsten Musik von Johann Strauss, kümmert sich um die Rosen im Garten oder schaut fern, vor allem Reportagen, Tierdokumentationen oder das Regionalprogramm des Elsass, wo sie ihr ganzes Leben verbracht hat.

GEBOREN AM 23. MAI 1906 IN DALASÝSLA, ISLAND

Guðríður Guðbrandsdóttir

REYKJAVIK, ISLAND

Jetzt, wo wir schon mal da seien, um sie zu besuchen, könne sie uns ja schlecht wieder wegschicken, sagt sie kokett, ganz Vollblut-Promi. Guðríður genießt ihren Status als Ausnahmeerscheinung. Sie ist ja nicht nur die älteste Bewohnerhin des Wohnstifts, sondern seit 2011 auch die älteste Frau ganz Islands. Seit fast vierzig Jahren lebt sie nun schon im Pflegeheim in Reykjavik – die meiste Zeit allein, denn ihr Mann starb mit erst achtundsiebzig Jahren kurz nach ihrem Einzug. Die beiden hatten sich auf einer Farm kennengelernt, wo sie arbeiteten. Damals war sie – mittleres Kind von insgesamt elf Geschwistern – schon eine kleine Berühmtheit, weil niemand so schön Geschichten erzählen konnte wie sie. Das Paar hatte keine leiblichen Kinder. Sie adoptierten eine Tochter und zogen außerdem zwei Pflegekinder groß. Auch diese drei hat sie überlebt. Ihre Augen sind zwar nicht mehr so gut, ihr Kopf aber ist noch in Bestform. Sie hört regelmäßig Nachrichten, rezitiert Gedichte und hat erst vor Kurzem noch Häkeln gelernt. Ihr Rezept für ein langes Leben: »Denke immer positiv, rauche nicht, trinke nicht, hege keinen schlechten Gedanken, verschwende keine Zeit mit Grübeln und gehe jeden Tag spazieren!«

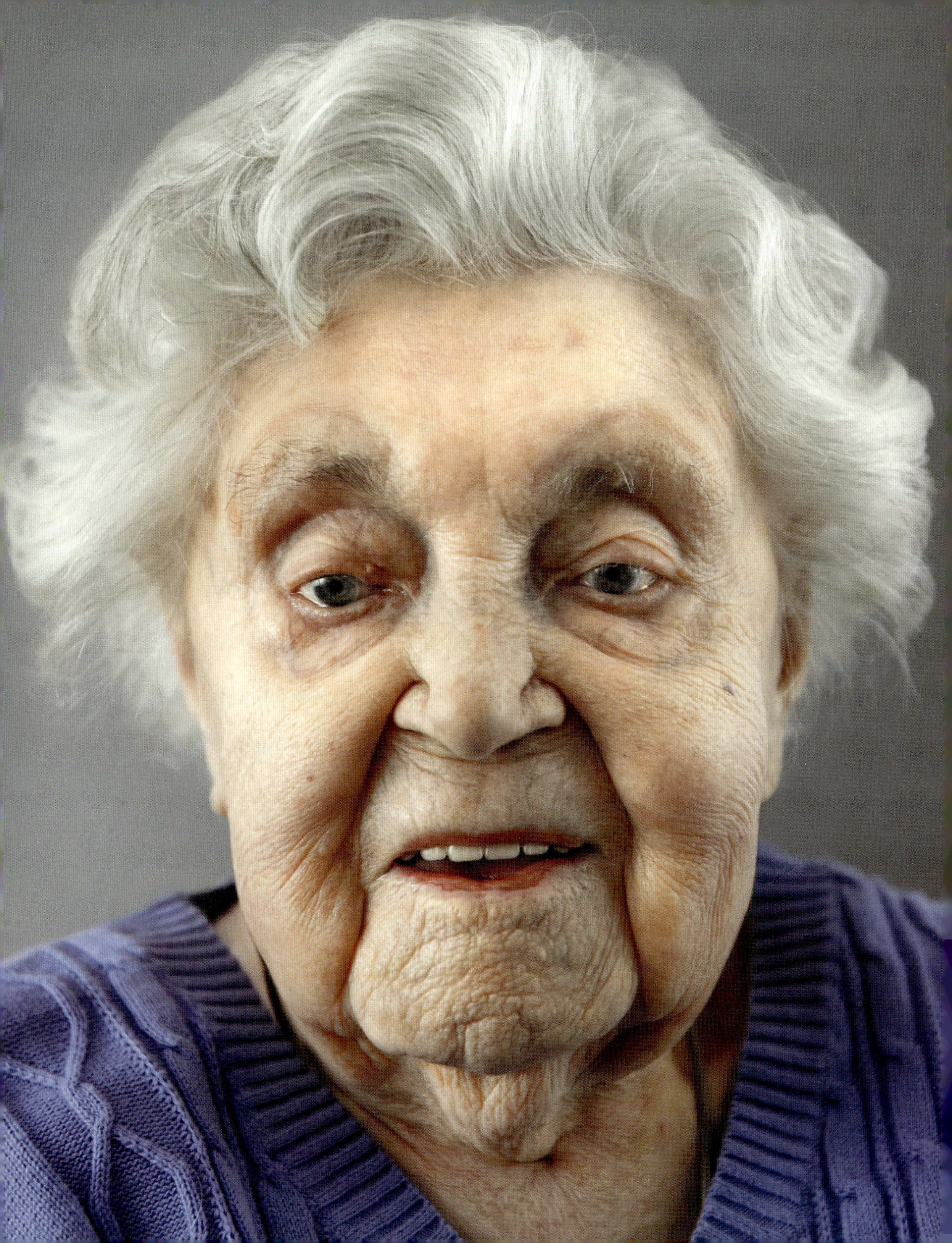

GEBOREN AM 19. SEPTEMBER 1914 IN OUED RHIOU, PROVINZ RELIZANE, ALGERIEN

Lucien Hanoun

VITRY-SUR-SEINE, DÉPARTEMENT VAL-DE-MARNE, FRANKREICH

Er sorgt immer noch weitgehend allein für sich, in seiner Wohnung südlich von Paris, inmitten von Familienbildern, Fotos von Freunden und Wegbegleitern. Eine bewegte Vergangenheit liegt hinter dem ehemaligen Französischlehrer. Geboren in einem kleinen Dorf in Algerien, wird er noch während seines Studiums in Frankreich politisiert: Er ist in den 1930er-Jahren bei den großen Demonstrationen für *congés payés* (Erholungsurlaub bei fortlaufender Bezahlung) und Antikolonialismus dabei und kämpft schließlich für die Unabhängigkeit Algeriens, was ihm vier Jahre Gefängnis einbringt. Seit fast achtzig Jahren ist er Mitglied der Kommunistischen Partei Frankreichs. Noch immer hält sich Lucien mit politischen Sachbüchern auf dem Laufenden – ein leidenschaftlicher Querdenker mit Humor. »Hundertjährige aller Länder vereinigt euch!«, scherzt er zum Abschied und gibt uns seine Tipps für ein langes Leben mit auf den Weg: »Bleiben Sie sich selbst treu. Und sagen Sie immer, was Sie denken!«

GEBOREN AM 10. SEPTEMBER 1914 IN
NAKAGAWA (TESHIO), HOKKAIDO, JAPAN

Fujie Harada

SAPPORO, HOKKAIDO, JAPAN

Fujie war ein lebhaftes Kind, das es liebte, in den Pfefferminzfeldern auf der Farm seiner Eltern umherzutollen. Als junge Frau wurde sie vor ihrer Heirat in der traditionellen japanischen Schneiderkunst ausgebildet. Ihre Eltern sagten ihr immer, dass es eine Sünde sei, verschwenderisch zu sein. Darum isst sie immer noch bei jeder Mahlzeit alles auf – besonders Gemüse wie Rettich und Aubergine, die sie während der warmen Jahreszeit in ihrem Garten auf Japans nördlichster Insel, Hokkaido, anbaut. In den langen, kalten Wintermonaten geht sie oft und gerne in das öffentliche Bad, wo sie zwei Stunden und länger im Wasser bleibt und ihr Haar wäscht. Stolz berichtet sie, dass sie nie versucht habe, es zu färben.

GEBOREN AM 4. JUNI 1913 IN AMSTERDAM, NIEDERLANDE

Annie de Hollander

VOORSCHOTEN, NIEDERLANDE

Würde man Annie ein paar Flügel schenken, sie würde noch einmal in die Berge fliegen, in die deutschen Alpen, wo sie früher mit der Familie so oft zum Skifahren war. Reisen war eine ihrer Leidenschaften, ebenso wie Malen und Singen. Heute, wo das Leben der ehemaligen Hausfrau in etwas ruhigeren Bahnen verläuft, erfreut sie sich an den täglichen Ritualen: dem Kaffee am Morgen, der Zeitung dazu. Dass sie noch fit genug ist, selbst für Ordnung zu sorgen und am Leben ihrer fünf Enkel teilzuhaben. Sie ist stolz auf ihre eiserne Gesundheit und dass am Tag unseres Besuchs nicht ihre Schwiegertochter sie zum Arzt begleitet hat, sondern umgekehrt. Klar, es gehöre auch eine gute Portion Glück dazu, so alt zu werden. Aber sie meint, es hätte sicher nicht geschadet, dass sie nie geraucht und auf Alkohol verzichtet habe. Stattdessen habe sie immer nur Frucht- und Tomatensäfte getrunken. Vielleicht sind auch Mozart und Bach die Taktgeber ihrer Langlebigkeit. Die Musik der beiden mag Annie nämlich sehr.

GEBOREN AM 12. FEBRUAR 1915 IN MUSKOGEE, OKLAHOMA, USA

Olivia Hooker

WHITE PLAINS, NEW YORK, USA

Im Jahr 1921, als Dr. Olivia Hooker sechs Jahre alt war, plünderten Mitglieder des Ku-Klux-Klan während der Rassenunruhen in Tulsa ihr Zuhause. »Ich weiß immer noch nicht, warum sie sich die Mühe machten, die Puppenkleider eines kleinen Mädchens zu verbrennen, aber sie taten es«, sagte sie dem *Wall Street Journal*. »Und das machte mir sehr viel Angst. Das war für ein Kind schockierend. Es hat eine Weile gebraucht, darüber hinwegzukommen.« Jahrzehnte später gehörte Hooker zu der Kommission, die die Rassenunruhen in Tulsa untersuchte, und sie war eine der Überlebenden, die vergeblich vor dem Bundesgericht eine Entschädigungsklage einreichten. In den 1940er-Jahren war sie eine der ersten afroamerikanischen Frauen, die zur U.S. Army gingen. 1961 erhielt sie von der University of Rochester ihren Doktor in Psychologie und arbeitete lange Zeit mit Frauen mit Lernschwäche. Die Wände in ihrem winzigen Haus in White Plains nördlich von New York sind behängt mit Diplomen und Grußkarten an sie – von den Clintons, den Bushs und den Obamas.

GEBOREN AM 21. SEPTEMBER 1910 IN NÚPUR, ISLAND

Guðríður Jonsdottir

REYKJAVIK, ISLAND

Obgleich sie vor fünfzehn Jahren durch eine Krankheit ihr Augenlicht verlor, lacht sie viel und versucht, »eine gute Zeit zu haben, ein glückliches Leben zu führen.« Dies sind ihrer Meinung nach die drei Voraussetzungen für ein langes Leben. Ein weiterer Tipp: »Mach, was du willst!« Die ehemalige Bäuerin war mit einem Fischer verheiratet. Er sei das Beste gewesen, was ihr passieren konnte, sagt sie, nicht nur wegen seiner »wunderschönen blauen Augen«. Obwohl sie sich nicht ganz so schnell in ihn verliebt habe wie er sich in sie. Das Paar bekam drei Kinder. Wie viele Enkel sie hat, das weiß sie gerade nicht. Aber sie erinnert sich daran, dass sie Deutschland und Italien bereist hat. Und sie erzählt, dass sie isländische Akkordeon-Musik liebt und wie gern sie in der Kirche singt.

GEBOREN AM 2. MÄRZ 1915 AUF DER INSEL FLATEY, ISLAND

Sigurgeir Jónsson

REYKJAVIK, ISLAND

Sigurgeir Jónsson sagt, dass er nicht wirklich weiß, warum er so alt wurde. Im großen Ganzen hatte er ein ziemlich hartes Leben. Er wuchs auf der Insel Flatey auf und arbeitete als Maurer. »Auf der Baustelle aßen wir mittags oft getrockneten Fisch mit Butter. Vielleicht lebe ich deshalb noch – oder weil das schwere Heben und Tragen mich fit gehalten hat! Ich glaube, man muss einfach auf seine Gesundheit achten und darf keine Süßigkeiten essen«, sagt er. Er und seine Frau, die 1994 starb, hatten keine Kinder, aber er fühlt sich nicht einsam. »Ich singe mit anderen. Das macht mich glücklich.«

GEBOREN AM 25. AUGUST 1916 IN ŌGIMI, JAPAN

Miyagui Kami

ŌGIMI, OKINAWA, JAPAN

Miyagui liebt ihre wöchentlichen Besuche im Altenzentrum ihres Dorfes Ōgimi, dem sogenannten »Dorf der Langlebigkeit« im Norden Okinawas. Hier wird ihre Gesundheit überprüft, ihr Blutdruck gemessen, und dann gesellt sie sich zur Gruppe, um Gymnastik zu machen und zu singen. Wie die meisten Menschen hier hat Miyagui ihre früheren Jahre mit Landarbeit verbracht – das ganze Jahr unter freiem Himmel. Heute macht es ihr Spaß, in ihrem Haus und Garten zu arbeiten, mit ihren Freunden zu wetten, Teepausen zu machen und ihre Urenkel zu besuchen.

GEBOREN AM 10. AUGUST 1915 IN DEN HAAG, NIEDERLANDE

Gerardus Jacobus Johannes Keizen

VOORSCHOTEN, NIEDERLANDE

Die beste Zeit seines Lebens? Die habe er auf den Niederländischen Antillen in der Karibik verbracht, als er für die Fluggesellschaft KLM als Trafficmanager arbeitete, erzählt Gerardus. Er genießt es zu berichten, wie er bei Verspätungen für den Flugplan verantwortlich war und sich um die Passagiere kümmern musste. Er spricht liebevoll von seiner Frau Gertruida, mit der er sechsundsechzig Jahre verheiratet war, ehe sie 2011 starb. Zwei Söhne haben die beiden, und es gibt mittlerweile auch drei Enkelkinder. Gerardus zupft sich das spärliche Haar und streicht den Schnurrbart glatt, damit auch alles in Bestform ist, wenn er fotografiert wird. Wenn er Tipps geben soll, wie man so alt wird – denn alt werden ist ja offensichtlich eine seiner Kernkompetenzen – empfiehlt er: »Ein maßvolles Leben. Früh schlafen gehen, nicht rauchen, nicht trinken – obwohl man für einen Whisky ruhig mal eine Ausnahme machen kann. Und auch für Gin.«

GEBOREN AM 19. APRIL 1912 IN WELS, ÖSTERREICH

Paula Klambauer

WELS, OBERÖSTERREICH, ÖSTERREICH

Adrett sieht sie aus und höchstens wie fünfundachtzig. Auf Kleidung legt die gelernte Schneiderin großen Wert. Nach der Devise »Man ist immer zu jung für die Mode der Alten« orientiert sie sich lieber an den Trends der Sechzigjährigen. »Mode für Siebzig-, Achtzig- und Neunzigjährige gefällt mir nicht.« Dass sie überhaupt einen Beruf lernte, anders als viele Mädchen ihres Jahrgangs, verdankt sie ihrem Stiefvater, einem Kesselschmied. »Er war sehr gut zu mir und hat immer gesagt: Lern was, das ist g'scheiter.« 1939 heiratete sie, 1940 kam Tochter Ingrid, 1944 Sohn Karl-Heinz auf die Welt. Während des ganzen Krieges muss sie ihre Kinder allein durchbringen. Ihr Mann kehrt erst 1947 körperlich wie seelisch versehrt zurück. Danach näht sie nur noch daheim und wird Hausfrau. Und ihr hohes Alter? »Ich habe es mir verdient«, lacht sie.

GEBOREN AM 3. JULI 1913 IN LÖHNE, DEUTSCHLAND

Elfriede Kriete

LÖHNE, NORDRHEIN-WESTFALEN, DEUTSCHLAND

Sie kann selbst nicht glauben, dass sie so alt ist. »Der Geist ist fit, nur der Körper ist schwach.« Zumal man selbst mit über hundert Jahren immer noch zufällig Schulfreundinnen wiedertreffen kann, so wie Elfriede vor zwei Jahren an einer Bushaltestelle. Da stand plötzlich Margarete Boers (siehe Seite 22), mit der sie früher auf dieselbe Schule ging. Ihr verdankt Elfriede, dass sie nun regelmäßig auch am Hundertjährigen-Stammtisch des Kreises Herford teilnimmt, denn Margarete lud ihre Freundin kurzerhand dazu ein. Über tausend Lebensjahre saßen da zusammen und amüsierten sich. »Auch wir alten Menschen brauchen ein bisschen Liebe und Anerkennung«, sagt Elfriede Kriete, und dass sie nächstes Jahr ganz sicher wieder dabei sein wird.

GEBOREN AM 18. FEBRUAR 1914 IN DALASÝSLA, ISLAND

Kristin Kristvardsdottier

REYKJAVIK, ISLAND

Sie sagt, in ihrer Familie sei es nichts Besonderes, so alt zu werden. »Viele Geschwister meines Vaters schafften es bis über hundert Jahre.« Die ehemalige Näherin kann deshalb gar nicht sagen, ob es da ein besonderes Rezept gibt. »Ich weiß nur, was mir wichtig war: In allen Lebensbereichen bescheiden zu sein und mich körperlich fit zu halten. Daran halte ich mich bis heute.« Sie geht jeden Tag nach dem Frühstück aufs Trimmrad, macht Fingerübungen und passt auf ihren vier Monate alten Urenkel auf. »Ich lese viel, am liebsten Bücher von Halldór Laxness, höre gern Musik, Sinfonien, Akkordeon … fast alles, außer Björk. Ich weiß, als Isländerin sollte man das nicht sagen. Aber irgendwie ist das nicht meine Musik.« Für diese Mutter mit vier Söhnen, zehn Enkelkindern und vier Urenkeln ist das Leben eine Schule, in der man nie aufhört zu lernen. Hätte sie drei Wünsche frei, würde sie nur einen einlösen: »Dass mein Mann noch da wäre. Er war Schiffbauingenieur und starb mit nur einundsechzig Jahren. Ich war nur ein einziges Mal in meinem Leben verliebt, und zwar in ihn.«

GEBOREN AM 29. SEPTEMBER 1913 IN SCHLEIZ, THÜRINGEN, DEUTSCHLAND

Gerhard Kübrich

JENA, THÜRINGEN, DEUTSCHLAND

Gerhard Kübrich schaffte es durch schwere Zeiten, indem er in den unterschiedlichsten Berufen Geld verdiente, darunter als Bankangestellter, Installateur und schließlich als Labortechniker. Aber seine wahre Leidenschaft galt der Malerei, der er bis vor wenigen Jahren nachging – bis sein Augenlicht schlechter wurde. Zu seinem hundertsten Geburtstag widmete ihm das Altenheim, in dem er jetzt lebt, eine Ausstellung. Teil davon ist eine feine Aquarellarbeit, die er im Kunstunterricht malte, als er erst dreizehn war, und die einen einzelnen Apfel zeigt. »Den musste ich wieder von der Schule mit nach Hause bringen. Mama wollte, dass ich ihn mit meinen sieben Geschwistern teile. Man kann sich kaum vorstellen, wie arm wir waren.«

GEBOREN AM 11. JANUAR 1914 IN EAST HARLEM, NEW YORK, USA

Morrie Markoff

LOS ANGELES, KALIFORNIEN, USA

Er würde sich ja gern als Neunzigjähriger ausgeben – einfach, weil ihm sein Alter selbst »so irreal« erscheint, lacht er. »Aber man lässt mich nicht. Die Leute sagen immer: Hey, dieser Kerl ist hunderteins!« Es ist kaum zu glauben: Morrie fing mit vierzehn an zu arbeiten, wurde Mechaniker, heiratete Betty (siehe Seite 70), zog einen Sohn und eine Tochter groß und war eigentlich immer auch Künstler: Fotograf, Bildhauer, Maler. »Mr. Fix-It« nannte man ihn, weil er praktisch alles instand setzen konnte. Als er bei der Reparatur einer Toilette entdeckte, dass der gebrauchte Schwimmer aussah wie das Tutu einer Ballerina, entstand aus dieser Idee und mithilfe eines Schweißgeräts seine erste Metallskulptur. Da fing es an, und es ist noch lange nicht zu Ende: Die erste Ausstellung seiner Werke hatte er mit hundert im Chinatown Art District von Los Angeles. Die Besucher der Galerie, versierte Kunstkenner, waren beeindruckt. Eine weitere Ausstellung steht bevor. Man mag Morrie nicht abnehmen, dass er »erst« neunzig ist. Aber eines glaubt man ihm sofort: Wenn er sagt, dass er sich in seinem Leben nicht eine einzige Minute gelangweilt habe.

GEBOREN AM 26. AUGUST 1916 IN TORONTO, KANADA

Betty Markoff

LOS ANGELES, KALIFORNIEN, USA

»Zuhören«, das sei das Geheimnis ihrer langen Ehe, sagt Betty. Und Betty und Morrie (siehe Seite 69) haben sich lange zugehört: fast achtzig Jahre. So lange ist es her, dass Betty ihren Zukünftigen 1938 bei der Hochzeit eines ihrer Cousins in New York traf. Die Freundinnen rieten ihr eindringlich von dem attraktiven Mann ab, er sei »kein Heiratsmaterial«. Sie hörte nicht auf sie, noch im selben Jahr heirateten sie. Zum Glück: Die beiden haben zwei Kinder, fünf Enkel und zwei Urenkel. Wie ihr Mann liebt es Betty, Menschen zu beobachten. Dazu hat sie seit dem Umzug der beiden in das quirlige Hipster-Viertel Bunker Hill ausreichend Gelegenheit. Die Nachbarschaft ist so erstklassig wie der Blick aus ihrer großzügigen Wohnung auf die Skyline von Downtown. »Morrie, wie lautet noch der Nachname unseres Nachbarn Placido?«, fragt Betty. Sie spricht gerade mit ihrer Tochter Judith am Telefon. »Domingo!«, antwortet er.

GEBOREN AM 8. APRIL 1913 IN LOJA, ECUADOR

María Luisa Medina

MOLLEPAMBA, VILCABAMBA, PROVINZ LOJA, ECUADOR

María sitzt auf ein paar Decken auf dem Boden ihres Hauses und spinnt Wollfäden aus Schafswolle. Ihre liebste Beschäftigung, seit die Beine nicht mehr so wollen und sie kaum noch laufen kann. Daran konnte auch der Arzt nichts ändern, den sie vor Kurzem das erste und vermutlich auch das letzte Mal in ihrem Leben besucht hatte. Dreihundert Dollar hat er verlangt für seine Untersuchung, erzählt ihre Tochter, und dass sie mit ihrer Mutter dorthin gegangen war, weil sie »Spinnen in den Armen krabbeln« fühlte. In Zukunft wird sich María wieder auf das Bewährte verlassen, ihr Hausmittel »Ishpingo«, ebenso wie auf Ruhe, saubere Luft, das gesunde Essen, das im Garten hinter dem Haus wächst, und darauf, dass stimmt, was der Name »Vilcabamba« übersetzt bedeutet: »Geheiligtes Tal«. Diese Alltagsarbeiten aber, sagt sie, können auch nicht schaden. Denn die »halten zäh«.

GEBOREN AM 29. APRIL 1911 IN OROTELLI, ITALIEN

Gaspare Mele

OROTELLI, SARDINIEN, ITALIEN

Die Dorfbewohner aus Orotelli rufen Gaspare Mele »Onkel Gasparru«. Gaspare hat fast sein ganzes Leben der Poesie gewidmet. Er liebt es immer noch, in seiner Küche zu sitzen und seelenvolle, philosophische Verse in seine alte Schreibmaschine zu hämmern. Und er liebt seine Familie. Er hat acht Kinder (zwei seiner Töchter leben mit ihm), Enkelkinder und Urenkel. Er war fasziniert von der Literatur, die sein Vater ihm während seiner Kindheit zu lesen gab, und so brachte er sich selbst das Schreiben bei, als er während des Zweiten Weltkrieges in Somalia stationiert war. Onkel Gasparrus Rat für ein langes Leben: »Lebe und arbeite in Frieden und Harmonie mit dir selbst und anderen. Versuche immer, Gut von Böse zu unterscheiden.«

GEBOREN AM 2. FEBRUAR 1914
IN HAMATONBETSU, HOKKAIDO, JAPAN

Kiichiero Nakajima

SAPPORO, HOKKAIDO, JAPAN

Er lächelt eigentlich immer – und noch ein bisschen mehr, wenn seine Enkel da sind. Obwohl er ganz sicher kein leichtes Leben hatte. In seiner Jugend war er Fischer, doch als die Fänge immer weniger wurden, schlug ihm sein Vater einen Jobwechsel vor. Also ging Kiichiero nach Muroran, um Arbeiter in einer Eisenfabrik zu werden. Trotzdem fand er immer noch Zeit zu lesen, eine seiner Leidenschaften, und er ist stolz auf sein gutes Gedächtnis, darauf, dass er sich auch an lange zurückliegende Begebenheiten genau erinnern kann. Und er kann noch gut für sich sorgen. Gerade hat er mal wieder seine Schuhe auf Hochglanz poliert. Schließlich sollen sie und damit auch er gut aussehen, wenn er bald ehemalige Nachbarn in seinem Heimatort besucht.

GEBOREN AM 4. FEBRUAR 1914 IN SILANUS, ITALIEN

Tonia Nola

SILANUS, SARDINIEN, ITALIEN

Tonia Nola hat immer in Silanus gelebt, einem kleinen, schönen Dorf am Fuße des Monte Arbo auf Sardinien. Die Region ist dafür bekannt, dass dort viele Hundertjährige leben. Tonia lebt mit der Familie ihres Großneffen, sie hat nie geheiratet und hat keine Kinder. Ihr ganzes Leben lang arbeitete sie als Haushaltshilfe. In ihren Zwanzigern arbeitete sie für einen pensionierten Offizier, der zur *Spedizione dei Mille* (Zug der Tausend) gehört hatte – eine Truppe von Freiwilligen, die unter dem italienischen Unabhängigkeitskämpfer Giuseppe Garibaldi 1860 auf Sizilien siegreich gegen die Armee der spanischen Bourbonen gekämpft hatte. Ihr Rat, wie man lange lebt? »Heiter und ohne Stress arbeiten, nicht neidisch sein und viel Minestrone essen.«

GEBOREN AM 25. JANUAR 1913 IN CHAGUARPAMBA, ECUADOR

Ursulina de Jesus Ochoa Ontaneda

LOJA, ECUADOR

Ursulina war früher Modistin – eine Mischung aus Stylistin, Modedesignerin und Schneiderin. Sie ist überzeugt, dass es für ein langes Leben notwendig ist, im Kopf jung zu bleiben. Um sich über das Weltgeschehen auf dem Laufenden zu halten, schmökert sie jeden Tag die Lokalzeitung *La Hora*. »Schon als ich ein kleines Mädchen war, habe ich immer viel gelesen. Das meiste von dem, was ich weiß, habe ich mir erlesen«, sagt sie stolz. Während der neunzehn Jahre alte Milton, das jüngste ihrer vierzehn Enkelkinder, ihr Haar kämmt und ihr Ohrringe für die Fotoaufnahme anlegt, redet sie über ihren Ehemann Romulo, einen Funker, der vor sechsundzwanzig Jahren starb, ihre fünf Kinder (drei Söhne und zwei Töchter), vierzehn Enkelkinder, zwölf Urenkelkinder und einen Ururenkel. Ursulina lebt jetzt bei Miltons Mutter Ursula, die gerade im Wohnzimmer den traditionellen »Café Lojano« mit Kuchen, Brot und einheimischem Käse zubereitet. Ursulina hat nur einen Rat für ein langes und gutes Leben: »Versuche immer, Missmut und Zorn zu vermeiden.«

GEBOREN AM 20. AUGUST 1913 IN
YŪBARI, HOKKAIDO, JAPAN

Kunimasa Ogura

SAPPORO, HOKKAIDO, JAPAN

»Langsam macht es mich schon ein wenig müde, so alt zu werden«, lacht er. Kein Wunder, bei dem bewegten Leben: Schon mit sechzehn verließ er seine Heimatstadt und ging nach Sapporo. Er sparte Geld, um den Führerschein zu machen, und wurde Taxifahrer, um schließlich als Lkw-Fahrer zu arbeiten, mit einer Lizenz für Schwertransporte. So hatte er die Chance, am Bau der Seilbahn in Niseko, in einer der schneereichsten Regionen der Welt, mitzuwirken, worauf er sehr stolz ist. Doch auch die Armee hatte Bedarf an seinen Fähigkeiten, und so wurde er gleich mehrmals an Kriegsschauplätzen eingesetzt. Vielleicht ist es ihm deshalb heute so wichtig, ein freundlicher Mensch zu sein.

GEBOREN AM 20. AUGUST 1913
IN PITTSBURGH, PENNSYLVANIA, USA

Edward J. Palkot

GARDEN CITY, NEW YORK, USA

Edward Palkot, früherer Direktor einer Personalabteilung, wartete in seiner beigen Limousine, um mich am Bahnhof von Garden City, New York, abzuholen. »Ohne mein Auto wäre ich verloren«, sagt er, während er zu seinem Lieblingslokal, dem Leo's, fährt. Wir fahren an seinem Golfclub vorbei, den er einmal in der Woche mit drei Freunden besucht, an dem kleinen Konzertpavillon in einem öffentlichen Park, zu dem er heute Abend gehen wird, sowie an einem Tanzlokal, wo er auch gut bekannt ist, weil er dort mit seiner neunundachtzigjährigen Partnerin Alice hingeht. Seine Frau Anne, die litauische Vorfahren hatte, starb 1998 an ALS, einer fortschreitenden Schädigung der motorischen Nervenzellen. Inzwischen ist er recht glücklich, eine neue Liebe gefunden zu haben.

GEBOREN AM 14. MÄRZ 1911 IN BORORE, ITALIEN

Antonino Porcu

BORORE, SARDINIEN, ITALIEN

Antonino Porcu war ein Einzelkind und wurde von seiner Mutter aufgezogen, während sein Vater in die Vereinigten Staaten ging, um ein neues Leben zu beginnen. Er hatte seinem Sohn vorgeschlagen, ihm zu folgen, aber Antonino blieb lieber bei seiner Mutter auf Sardinien. Mit seiner Frau Giacomina hat er neun Kinder großgezogen, von denen noch sieben am Leben sind.
Er arbeitete dreiunddreißig Jahre lang als Förster in den Wäldern von Monte Sant'Antonio zwischen Borore und Macomer. Seit Giacomina 1992 starb, lebt er allein. Sein Rat an jüngere Generationen: »Arbeitet hart und tut Gutes. Immer!«

GEBOREN AM 9. MAI 1912 IN MÖNCHBERG, BAYERN, DEUTSCHLAND

Berta Maria Frieda Preiss

NIDDA, HESSEN, DEUTSCHLAND

Sie ist das jüngste von fünf Kindern und kam – wie üblich für die Frauen ihrer Generation – schon früh »in Stellung«, zu ihrer Tante nach Nidda, um im Haus und in der Gastwirtschaft zu helfen. Dort lernte sie auch ihren Mann Karl kennen, mit dem sie bis Ende der 1970er-Jahre einen kleinen Lebensmittelladen im Ort betrieb. Noch bis ins hohe Alter war sie mit dem Rad unterwegs, bekochte die Familie, ihre Kinder und Enkel, bis sie fast hundert Jahre alt war. Heute geht sie immerhin noch regelmäßig in die Kirche und findet, man solle nichts übertreiben, wenn man so alt wie sie werden will.

GEBOREN AM 31. MÄRZ 1912 IN WEIDA, THÜRINGEN, DEUTSCHLAND

Ursula Rüdel

DORNDORF-STEUDNITZ, THÜRINGEN, DEUTSCHLAND

Die frühere Kinderkrankenschwester steht jeden Morgen um acht Uhr auf und bringt zuerst einmal ihre Wohnung im Souterrain eines geräumigen Hauses, das ihrem Sohn gehört, auf Vordermann. Von ihrer Terrasse aus hat sie einen großartigen Blick über das Saale-Tal. Sie liebt es, nach der Hausarbeit hier zu sitzen und die Zeitung zu lesen oder an die Familie und Freunde Briefe zu schreiben oder auch heitere Verse in Mundart zu verfassen – was ihr besonders hilft, sich »mental fit zu halten«. In ihrem Alter kümmert es sie nicht zu sehr, dass ihr Hörvermögen nachlässt, ihre Mobilität eingeschränkt ist oder dass sie die Dinge schneller vergisst. Was sie am meisten vermisst, ist, dass sie nicht mehr selbst für sich einkaufen gehen kann. Aber ihre sechs Urenkelkinder sorgen für Beschäftigung und Unterhaltung.

GEBOREN AM 20. MÄRZ 1915 IN BREVARD, NORTH CAROLINA, USA

Marie M. Runyon

HARLEM, NEW YORK, USA

Sie ist eine echte New Yorker Sehenswürdigkeit und berühmt für die Unbeugsamkeit, mit der sie sich für eine lebenswerte Stadt einsetzt. Vermutlich hat sie an mehr Protestmärschen teilgenommen als Jane Fonda und Angela Davis zusammen. Legendär wurde sie durch ihren Kampf mit der Columbia University, die sie aus ihrer Wohnung in Harlem vertreiben wollte. Vierzig Jahre währte er und endete 2002 – natürlich – in beiderseitigem Einvernehmen. Seither trägt das Gebäude auch seinen neuen Namen auf einer Messingtafel: Marie Runyon Court. Die »unverbesserliche Linke«, wie sie die *New York Times* in einem Beitrag nannte, engagiert sich immer noch. Etwa in der Granny Peace Brigade, einer Organisation älterer Frauen, die für den Frieden kämpft. Und sie hat immer mal wieder kleinere Filmrollen übernommen. So in *Rachels Hochzeit* (2008), wo sie einen der Gäste spielt. Obwohl sie seit mehr als siebzig Jahren in New York lebt, hört man immer noch diesen typisch sanften Sound der Südstaaten heraus, etwa wenn sie rät, nicht unbedingt immer das zu tun, was man gesagt bekommt, und findet, dass es höchste Zeit sei für eine Frau im Weißen Haus.

GEBOREN AM 28. OKTOBER 1912 IN NAGASAKI, JAPAN

Kimiyo Sato

TOKIO, JAPAN

Kimiyo hat eine Schwäche für Autos aus deutscher Produktion. Sie machte ihren Führerschein, als sie fünfzig Jahre alt war, und fuhr ihren roten Mercedes, bis sie vierundneunzig war. Sie hat sechs Töchter großgezogen, aber tragischerweise starben ihre Zwillinge bei einem Unfall, einer Gasexplosion, als sie fünfzehn waren. Sie hat acht Enkelkinder und neun Urenkel. Kimiyos täglicher Stundenplan ist vollgepackt: Frühstück um acht Uhr, Einkaufen, Aktivitäten im Altenzentrum, Malunterricht und natürlich die Sonntagsmesse. Sie ist gläubig, beginnt ihren Tag mit einem Gebet und betet dreimal am Tag vor jeder Mahlzeit. »Beten und altruistisch und hilfsbereit gegenüber anderen sein, ist am wichtigsten«, sagt sie.

GEBOREN AM 1. MÄRZ 1916 IN ŌGIMI, JAPAN

Miyagui Sayo

ŌGIMI, OKINAWA, JAPAN

Eigentlich fühle sie sich jetzt viel freier als in ihrer Jugend, sagt sie. Aber auch, dass sie kaum glauben kann, wirklich so alt zu sein. Kein Wunder: Wo die ehemalige Landwirtin lebt, scheinen sich die Hochbetagten komplett von ihrem Geburtsdatum emanzipiert zu haben. Kaum irgendwo werden die Menschen so alt und sind gleichzeitig so jugendlich wie hier. Es mag an der Ruhe liegen, an der gesunden Ernährung – die meisten bauen selbst an, was sie verzehren. Aber es liegt sicher auch an der Disziplin: »Ich mache jeden Morgen Gymnastik und höre Nachrichten«, erzählt Miyagui, die seit fünfzehn Jahren Witwe ist. Und sie sagt: »Das Wichtigste ist, nicht immer bloß daheim zu bleiben, sondern mit anderen etwas zu unternehmen.« Wenn sie nicht in ihrem Gemüsegarten arbeitet, bummelt sie deshalb durchs Dorf, plaudert mit den Nachbarn und schreibt Tagebuch (auch so eine Leidenschaft). »Die stapeln sich zu Hause. Ich wollte sie schon wegwerfen.« Doch ihre sechs Kinder und achtundzwanzig Enkel haben sie davon abgehalten.

GEBOREN AM 18. NOVEMBER 1914
IN LENA, ØSTRE TOTEN, NORWEGEN

Leif Solberg

LILLEHAMMER, NORWEGEN

Er ist das älteste lebende Mitglied der Norwegischen Komponistenvereinigung und einer der bekanntesten Organisten seines Landes – eine Karriere, die mit einem frühen Debüt begann. Sein Vater war als Organist für mehrere Kirchen verantwortlich und wurde krank. So sprang der zwölfjährige Leif ein, obwohl er kaum an die Pedale reichte. Später studierte er unter anderem im Ausland – in London, Salzburg, Kopenhagen und Haarlem. Von 1938 bis 1982 war er Kirchenorganist in Lillehammer und lehrte dort an der Musikhochschule. Seit fünfundsiebzig Jahren ist er mit Reidun verheiratet. Sie war fünfzehn, als sie sich kennenlernten – »die schönste Altstimme« des Chores, den der damals Vierundzwanzigjährige in Toten gründete und dirigierte.

GEBOREN AM 1. OKTOBER 1914 IN JENA, THÜRINGEN, DEUTSCHLAND

Johanna Spiekermann

LEIPZIG, SACHSEN, DEUTSCHLAND

»Ich war nie auf Rosen gebettet«, sagt sie. Mit nur vierundzwanzig Jahren fiel ihr Mann im Zweiten Weltkrieg. Fortan musste sie sich mit ihren drei Töchtern alleine durchbringen. Sie arbeitete im Sägewerk, bediente in Gaststätten, nähte Faschingskostüme und eröffnete einen Kostümverleih. »Ein gewisser Trotz«, dem Leben und seinen Zumutungen die Stirn zu bieten, meint sie, sei vielleicht gar kein schlechtes Rezept für ein langes Leben. Und natürlich, »dass man in Bewegung bleibt.«

GEBOREN AM 25. JULI 1914 IN MONSEFÚ, LAMBAYEQUE, PERU

Consuelo Torres Tello

SAN JUAN DE MIRAFLORES, PROVINZ LIMA, PERU

La Madre de los Cerros (Mutter der Hügel) nennt man sie, die sich ihr ganzes Leben lang für die Schwachen, für Mütter und Kinder eingesetzt hat. Schließlich weiß sie selbst nur zu genau, wie es ist, arm zu sein. Schon als Kind musste sie arbeiten und Geld verdienen. So erfuhr sie früh, dass sich die Verhältnisse dringend ändern mussten, und begann bereits als junge Frau, dafür zu kämpfen. Sie gründete die erste Suppenküche und den ersten Mütter-Club ihres Bezirks und engagierte sich gegen ungerechte Zwangsräumungen. Sie gab Liebe, wo Liebe gebraucht wurde, wie sie sich ausdrückt. Dafür wurde sie mehrfach für den *Premios Príncipe de Asturias* nominiert sowie von UNICEF und dem peruanischen Kongress ausgezeichnet. Sie sagt, sie könne es allen Frauen nur empfehlen, »edel« zu sein, anderen ihre Liebe zu schenken und sich für die Ärmsten einzusetzen. Genau das sei nämlich das Geheimnis ihrer Langlebigkeit.

GEBOREN AM 6. APRIL 1911 IN SALANGEN, NORWEGEN

Per Tønder

NØTTERØY, VESTFOLD, NORWEGEN

Per Tønder war ein wegen seiner Großzügigkeit, seines Sinns für Humor und seines sozialen Engagements sehr beliebter Mann. Er wurde 1940 zum Priester geweiht und diente zwanzig Jahre lang als Bürgermeister der Stadt Salangen. Nachdem er Politiker der Arbeiterpartei geworden war, repräsentierte er als Abgeordneter während drei Legislaturperioden die Provinz Troms im norwegischen Parlament. 1981 wurde ihm die königliche Verdienstmedaille in Gold verliehen, eine Auszeichnung, die für außergewöhnliche Verdienste für die norwegische Nation und Gesellschaft vergeben wird.

GEBOREN AM 23. NOVEMBER 1916 IN VILCABAMBA, ECUADOR

Luz Pacifica Torres

VILCABAMBA, PROVINZ LOJA, ECUADOR

Luz ist die Schwägerin von Timoteo (siehe Seite 21), ihr 2010 verstorbener Ehemann Victor war dessen Bruder. Früher hat die Familie gemeinsam einen landwirtschaftlichen Betrieb bewirtschaftet. Das war harte Arbeit, die laut Luz allerdings zu ihrer Langlebigkeit mit beigetragen hat. Vielleicht liegt das Geheimnis aber auch in dem mysteriösen »Ishpingo« begründet, einem Gebräu, benannt nach dem Lorbeergewächs *Ocotea quixos*, das unter anderem aus Eukalyptusblättern, Weinraute, Kampfer und natürlich »Punta« besteht – einem Schnaps, den Timoteo selbst herstellt. Für Luz ist »Ishpingo« das Allheilmittel für die wenigen Wehwehchen, die sie manchmal plagen. Luz hat sechs Töchter und zwei Söhne. Bei der Zahl ihrer Enkel und Urenkel ist sie nicht ganz sicher. Jeweils irgendwas zwischen dreißig und vierzig – einer Menge, bei der auch Jüngere schon mal die Übersicht verlieren würden. Wenigstens ist die Nachkommenschaft bei den Behörden ordentlich registriert. Anders als Luz, die offiziell gar nicht existiert. Der Weg zu ihrer Holzhütte hinauf am Berg ist nämlich so strapaziös steil, dass sich bislang noch kein Beamter fand, der ihn auf sich genommen hätte, um ihr einen Pass auszustellen.

GEBOREN AM 1. OKTOBER 1913 IN NANJŌ, JAPAN

Tonaki Tsuru

NANJŌ, OKINAWA, JAPAN

Tonaki lebt auf Okinawa, einer Inselgruppe im Ostchinesischen Meer, die zu Japan gehört. Eine Region, die den Hundertjährigen-Weltrekord hält. Um gemeinsam mit ihrem geliebten Mann, der vor mehr als fünfzig Jahren gestorben ist, den Lebensunterhalt für sich und ihre vier Kinder zu bestreiten, hat sie lange als Textilarbeiterin in einer Fabrik gearbeitet. Heute beschäftigt sie sich am liebsten damit, Süßkartoffeln zu ziehen und auf einer japanischen Shamisen, einem gitarrenähnlichen Musikinstrument mit drei Seiten und einem langen Hals, traditionelle Volksmusik ihrer Heimat zu spielen. Sie genießt es, gemeinsam mit anderen Frauen aus ihrer Stadt die Tagesbetreuung zu besuchen, eine typisch japanische Einrichtung für alleinstehende Hochbetagte, wo sie immer noch Gymnastik macht, sich gerne mit anderen unterhält und wo sie auch medizinisch betreut wird.

GEBOREN AM 9. JUNI 1914 IN NAUMBURG (SAALE), THÜRINGEN, DEUTSCHLAND

Fritz Tasso Tuche

JENA, THÜRINGEN, DEUTSCHLAND

Fritz war Zimmerer, Hochbau-Ingenieur und Dozent an der Fachschule für Bautechnik im mecklenburgischen Neustrelitz. Noch immer macht er sich Gedanken zur Entwicklung seiner Heimatstadt Jena, in die er nach dem Tod seiner Frau zurückgekehrt ist. Er hätte da ein paar Tipps. Die bekam auch der Vertreter des Oberbürgermeisters zu hören, der ihn anlässlich seines hundertersten Geburtstages besuchte. Noch immer ist Fritz sehr aktiv, kauft ein, kocht selbst, fährt mit den Enkeln zum Angeln und verreist, so wie letztes Jahr mit der Familie nach Norwegen. Sein Lebensverlängerungstipp: Singen. Am besten im Chor. »Musik hält jung und elastisch.«

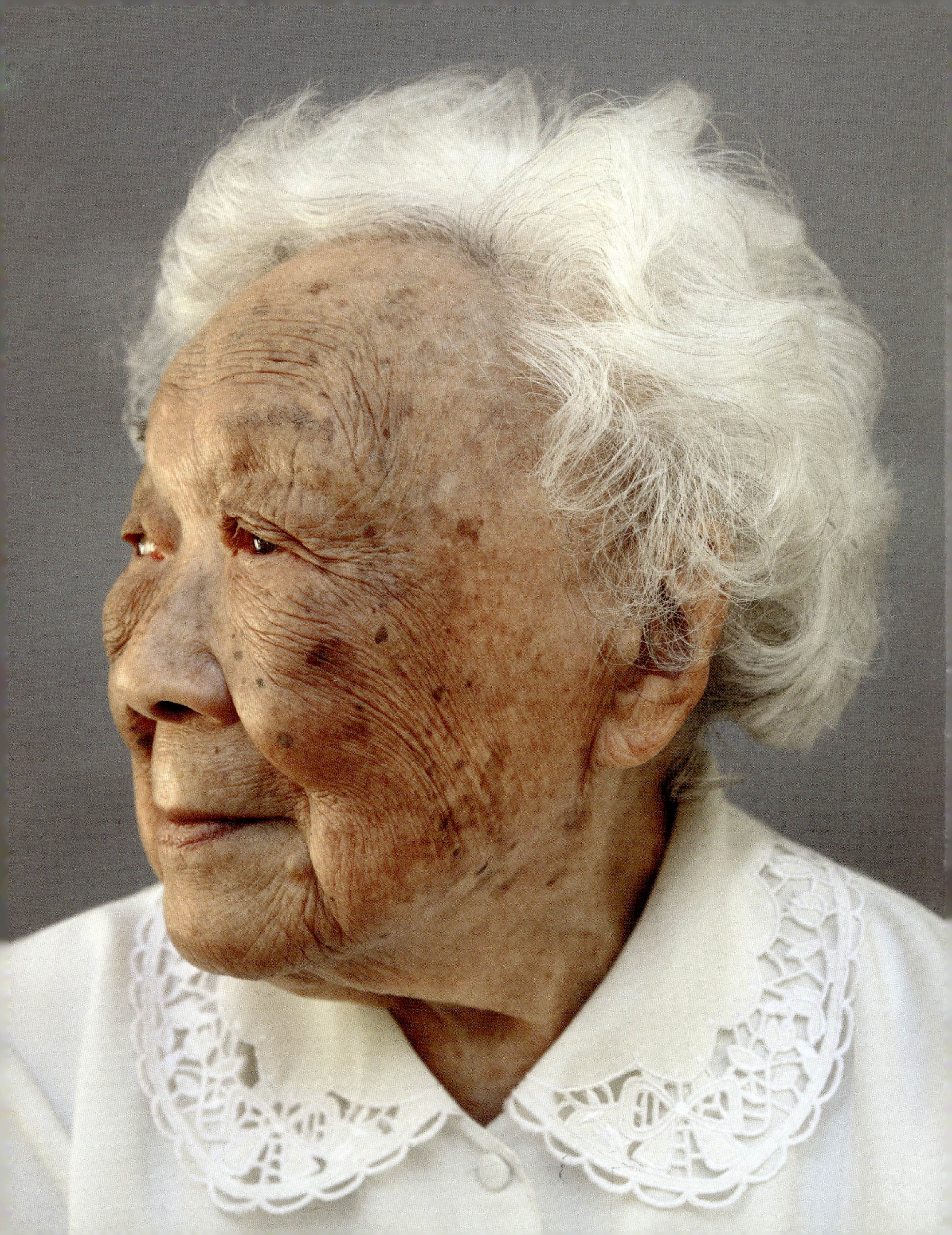

GEBOREN AM 31. MÄRZ 1914 IN LOS ANGELES, KALIFORNIEN, USA

Lillian Wong

ALHAMBRA, KALIFORNIEN, USA

»Ich kann sowieso kein Geheimnis für mich behalten!«, sagt Lillian gleich bei der Begrüßung, und wie sie sich darauf freue, von sich zu erzählen. Die kleine quirlige Frau ist ganz schön herumgekommen, und das in bewegten Zeiten: Sie lebte während des Zweiten Japanisch-Chinesischen Krieges in China, wo ihr Mann David mit der Planung von Eisenbahnlinien und Militärflughäfen befasst war, und zog später mit ihm und ihren beiden Kindern nach Hongkong. Dort arbeitete sie, die eigentlich Soziologie studiert hatte, als Englischlehrerin. Lillian glaubt, dass sie ihr hohes Alter ihrem Glauben an Gott, aber auch den Ratschlägen ihres Vaters verdankt – der war Spezialist für chinesische Kräutermedizin. Von ihm habe sie sehr viel über gesunde Ernährung gelernt, etwa Fertiggerichte tunlichst zu meiden. »Ich bin sehr heikel mit meiner Ernährung. Ich nehme Vitamine und meide Frittiertes und Junkfood.« Dass ihr Nachname »Wong« ist, hat vielleicht auch ein wenig beigetragen. Denn er bedeutet »Gelb«, in China die Farbe des Lebens.

GEBOREN AM 13. FEBRUAR 1915 IN NAHA, JAPAN

Jiro Yasutsugu

NAHA, OKINAWA, JAPAN

Er ist sich sicher, dass er schon mehrmals die Welt umrundet hat, auf den Schiffen, auf denen er als Maschinist zur See fuhr. Nur dass er von der Welt kaum mehr gesehen hat als den Maschinenraum. Denn es war ihm meist nicht erlaubt, von Bord und auf Landgang zu gehen. Deshalb schaut er sich heute so gerne im Fernsehen Berichte von fernen Ländern an – jedoch ohne echtes Bedauern, wie er sagt. Überhaupt ist der Vater eines Sohnes und Großvater von drei Enkeln sehr mit sich im Reinen. Er sagt, er wüsste nicht mal, was er sich wünschen solle, falls ihm mal eine gute und großzügige Fee begegnet. »Ich habe ja alles, was ich brauche.«

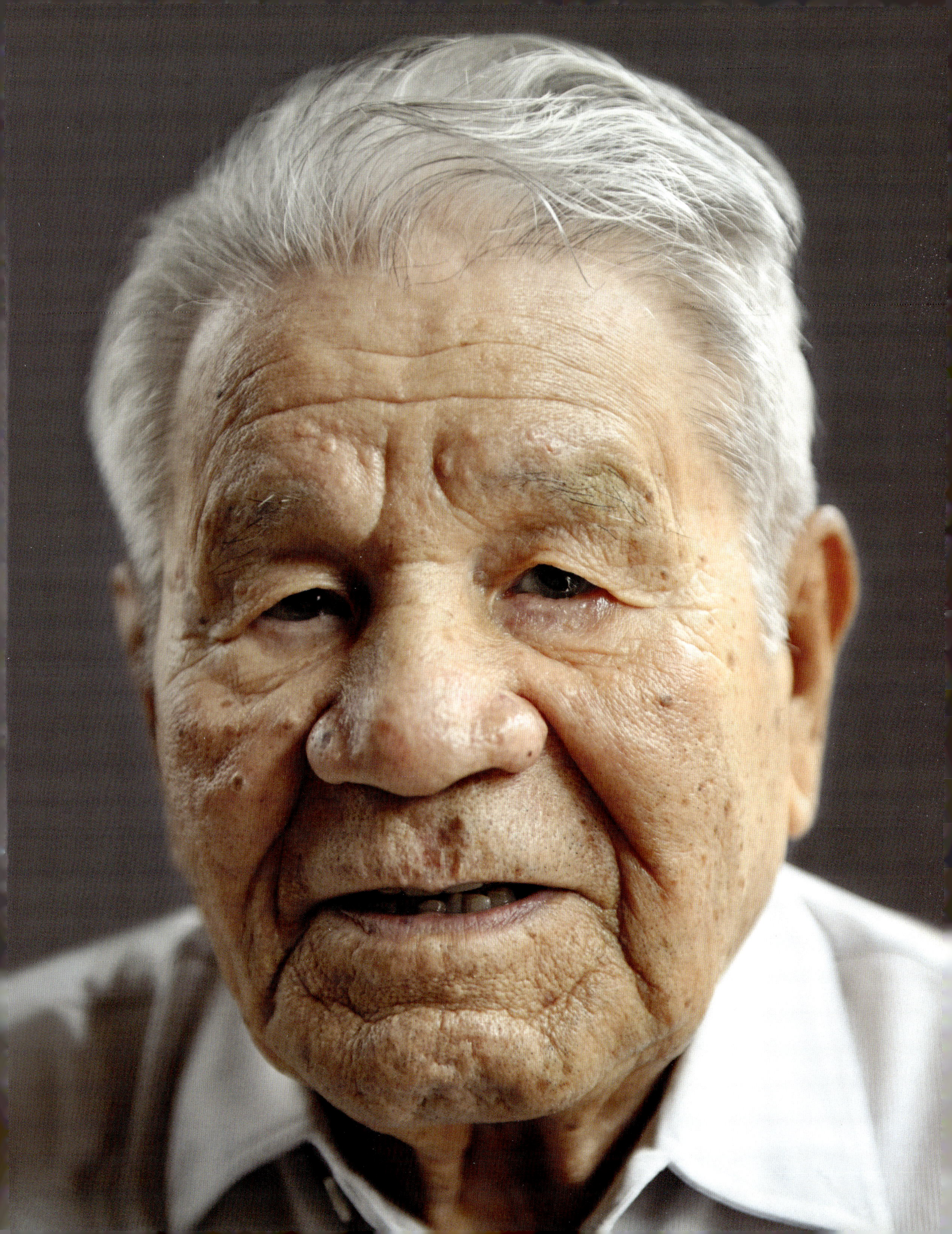

GEBOREN AM 21. SEPTEMBER 1914
IN FAIRFIELD, MONTANA, USA

Evelyn Zehring

ALHAMBRA, KALIFORNIEN, USA

Evelyn glaubt fest daran, dass Gott einen guten Grund dafür hat, »dass ich noch da bin«. »Ich bete dafür, dass ich bereit für das bin, was immer Er mit mir vorhat.« Derzeit braucht Er sie offenbar noch dringend in ihrem Baptisten-Wohnheim (das übrigens in ihrem Geburtsjahr 1914 gegründet wurde). Dort gibt sie wöchentlich Bibelstunden und begleitet den Gottesdienst mit Klaviermusik. Ganz im Geiste ihres Mannes, des Baptistenpredigers Guy Raymond Zehring, der sie bereits 1968 zur Witwe machte. Seinem Beruf verdankte es die ehemalige Verwaltungssekretärin auch, dass die Familie häufig umzog. Je nachdem, wo ihr Mann gerade tätig war und zu welchen Gemeinden er gerufen wurde, lebte die Familie in diversen Bundesstaaten, darunter Washington, Oregon und Ohio. Sie hat drei Kinder, acht Enkel, vierzehn Urenkel und vier Ururenkel. Und wenn Er weiter keine anderen Pläne hat, wird sie sich auch morgen wieder mit ihren Freundinnen zum Domino-Spielen treffen, einer weiteren ihrer Leidenschaften.

Danksagung

Ich danke von ganzem Herzen all den Hundertjährigen, die so freundlich zugestimmt haben, sich fotografieren zu lassen. Ich möchte auch deren Ehepartnern, Verwandten und Freunden genauso wie der Leitung und dem Personal vieler Einrichtungen für ihre Unterstützung danken. Es war ein Vergnügen, mit Ihnen allen zu arbeiten.

Meine besondere Dankbarkeit möchte ich gegenüber Masatada Araki zum Ausdruck bringen, den ich vor ein paar Jahren in Berlin traf. Masatada wurde ein selbstloser Reiseführer und überaus treuer Begleiter während meiner Aufenthalte in Japan.

Riesige Anerkennung gebührt auch Federico Sedda und Raffaella für ihre großartige Unterstützung bei den Nachforschungen auf Sardinien; Sofia Egilsdottir dafür, dass sie uns in Island begleitet hat; Noby Noda, Keizo Matsuki, Masaaki Hiromura, Junichi Saito ebenso wie seinem Team von Light Publicity dafür, im Auftrag von Tokushu Tokai Paper und COOP Sapporo eine schöne Serie Hundertjähriger produziert zu haben; Sandra Lourenco dafür, mich in Norwegen begleitet zu haben; Diana Toledo, Stefanie Faller und Milton Ojeda dafür, mich so vielen wunderbaren Hundertjährigen in Vilcabamba und Loja, Ecuador, vorgestellt zu haben; und Helga Elsner und Carina Moreno dafür, mich Giuliana Ghersi vorgestellt zu haben, die mich sicher durch Lima führte. Außerdem möchte ich Michael Ash dafür danken, dass er mir Maria Cabrera empfohlen hat, die in Los Angeles exzellente Forschungsarbeit leistete.

Ein großes Dankeschön an all die fabelhaften Textfachleute: Constanze Kleis für ihr professionelles Lektorat; Géraldine Elschner für ihre Nachforschungen in Frankreich und ihre Beiträge genauso wie ihre Interviews und ihre Dolmetschertätigkeit in Paris. Vielen Dank an Greg Palkot dafür, dass er mich seinem liebenswürdigen Vater Edward vorgestellt hat, der so freundlich war, mit mir in seiner Limousine eine unvergessliche

Besichtigungstour durch Garden City zu machen und das Vorwort für dieses Buch zu schreiben. Dank auch an Doborah Lo für all die Hilfe bei diversen Übersetzungen.

Ich danke meiner wundervollen Frau Michaela dafür, dass sie viele meiner Reisen organisiert und mich dabei begleitet und für all die Unterstützung und Koordination, für die Buchungen, das Filmen und ihre Assistenz. Ein großes Dankeschön an meine Assistenten Charlen Christoph, Paul Gerlach und Moritz Reich für ihre ständige Unterstützung sowie an die Visagistinnen Mitsuki Konno, Susanne Roitmeier, Rozemarijn Schoh und Anna Tsoulcha.

Dieses Buch wäre nie möglich gewesen ohne die Ermutigung und Unterstützung meiner Lektoren bei Chronicle Books, Bridget Watson Payne und Rachel Hiles. Ich danke euch, dass ihr an den Erfolg dieses Projektes geglaubt habt, sowie all den talentierten Grafikdesignern, die mit dessen schönem Layout zu tun hatten.

Ich möchte Janina und Roger Nitsch genauso danken wie Guido Studer für deren ständige Unterstützung von Beginn des Projektes an. Dank an Ingeborg Müller-Just, ihren Vater Walter Just (1921–2012) und ihre Töchter Katharina und Stephanie dafür, meine Hundertjährigen in ihrem wunderbaren Museum im österreichischen Wels ausgestellt zu haben. Dank an Ralf Kleist dafür, viele Hundertjährige in Thüringen engagiert zu haben und sie in einer sagenhaften Ausstellung mehr als fünfzehntausend Besuchern in der Stadtkirche St. Michael in Jena vorgestellt zu haben.

Dank schulde ich auch den Stadtverwaltungen von Nanjō und Ōgimi auf Okinawa, dem Touristenbüro von Vilcabamba und den Betriebsleitungen von Hrafnista in Reykjavik, den Vandalia Houses in Brooklyn und den Baptist Atherton Homes in Los Angeles.

Ich bin sehr glücklich, sie alle getroffen und sie in meinem Leben und meinen Erinnerungen zu haben.

BESONDERER DANK GEBÜHRT:

Edith Akins-John, Manato Akira, Osamu Arakaki, Yasuko und Masatada Araki, Antonia A. Arena, Maho Asai, Olivia Baier, Gesa Li Barthold, Carola Boers, Vera Bohren, Hannah Booth, Monika Braun, Mara Cardu, Keiko Char, Catherine Chevallier, Tore Cossu, Christa Descher, Jacob Falck, Beate Frauenschuh, Ursula Friedsam, Oscar Ghersi Winder, Tore Ghisu, Karin Rissa und Karl Otto Götz, Thomas Gunzelmann, Sabine Hampel, Jessica von Handorf, Karin Herzog, Shigeaki Hinohara, Yoshikazu Ichimura, Anne Jahnsen, Lois Judge, Eva-Marie Kessler, Annemarie von Kienlin, Eugene Kim, Georgia Frances King, Ingrid Klambauer und Walter Aspernig, Nina Klein, Akira Kobayashi, Abe Kota, Etsuko Kushido, Sabine Landau, Angela Lee, Rosa Leone, Giovanni Agostino Longu, Sandra Mann, Mami Maruki, Elias Mele, Luigia Mele, Helen Meyrahn-Schaeffer, Kiyotoshi Misawa, Miyuki Nakayama, Jochen Nitsch, Ursula Salazar Ochoa, Yoshinori Oe, Yoshiichi Ohnaka, Kinichi Okagawa, Misao Okawa, Hideaki Omi, Angela Maria Ortu, José Pillcorema, Alice und Giovanni Porcu, Christoph Rott, Cécile Roumiguière, Louise Russell, Werner Sägesser, Junichi Saito, Sekine Sayaka, Claudia Schenk, Brigitte Schmidt, Elfriede und Wolfgang Schmidt, Elisabeth Schöne, Lisabeth Schöne, Kerstin Schweighöfer, Seiji Shinohara, Sigurveig Sigurðardóttir, Bärbel Strohm, Clemens Tesch-Römer, Sumi Teufel, Bard Tønder, Tonaki Tsuru, Jean-Luc Valentin, Josette Valentin, Marion Walter, Ken Watanabe, Jennifer Wright, Masashi Yamamoto, Mitsue Yamashita.